AF542142

COMME

LE MINISTÈRE VILLÈLE

A SERVI

LA FRANCE ET LE ROI.

PARIS. — IMPRIMERIE DE FAIN,
RUE RACINE, N°. 4, PLACE DE L'ODÉON

COMME
LE MINISTÈRE VILLÈLE
A SERVI
LA FRANCE ET LE ROI;

PAR M. P.-A. DELACOU.

PARIS.
LIBRAIRIE UNIVERSELLE
DE P. MONGIE AÎNÉ,
BOULEVART DES ITALIENS, N°. 10.

1827.

COMME

LE MINISTÈRE VILLÈLE

A SERVI

LA FRANCE ET LE ROI.

La France après une affreuse tourmente, après avoir triomphé de l'Europe continentale, et senti, hélas! à son tour, le poids si lourd du bras de ses ennemis, avait revu la race antique et révérée de ses Rois.

Avec cette race auguste étaient venus, comme son cortége naturel, la paix, l'harmonie, l'esprit de conciliation. La Patrie avait tressailli d'une douce joie, à la vue de ses enfans, s'embrassant après de longues discordes et de déplorables égaremens.

Ses plaies se fermaient, l'abondance, l'industrie, les lettres, les arts, l'agriculture, le commerce et la liberté, le premier encore de tous les biens, versaient à l'envi, dans son sein, tous leurs bienfaits. Une longue jouissance lui en était promise par les institutions d'un roi législateur, instruit par une dure expérience. Sous d'aussi heureux auspices l'esprit humain se développait, et, chaque jour faisait de nouvelles conquêtes.

Placée au milieu de tant de sources de bonheur, il ne manquait à la France, pour le goûter à jamais, que de voir consolider les heureuses institutions qu'elle tenait d'un Roi sage.

Inquiète, aujourd'hui, elle s'agite; elle se tourmente : elle est dans le malaise.

Quelles causes donc ont pu déranger le cours d'une félicité que tout concourait à rendre si parfaite et si durable?

Serait-il vrai que le ministère Villèle aurait fait tout le contraire de ce qu'il devait et de ce qu'il avait promis de faire?

Serait-il vrai qu'il aurait tenté de saper nos institutions, de détruire nos libertés, d'attenter au pouvoir royal?

Serait-il vrai que comprimant l'élan de la prospérité nationale, que conservant et propageant les abus de l'administration, il corrompt les mœurs publiques?

Serait-il vrai enfin qu'il outrage Dieu et les hommes?

O toi que l'amour de la Patrie embrase; noble écrivain, toi qui, dans ces jours de douleurs, soutiens si énergiquement, par la seule force de ton éloquence, la cause sainte de la liberté contre une faction ennemie de la France, ennemie de Dieu et des hommes; ennemie de Dieu qu'elle outrage en l'invoquant hypocritement, ennemie des hommes qu'elle trompe, ennemie de la France qu'elle veut asservir!

Toi qui as si courageusement combattu le tyran de la patrie et défendu nos Rois, Châteaubriand! dont la voix puissante remplit la terre et s'élève jusqu'au ciel; viens, génie noble et sublime, inspire-moi!

Dans mon cœur aussi brûle l'amour de la patrie; moi aussi j'ai résisté au tyran : non comme toi, avec éclat; mais avec courage et persévérance; moi aussi d'une main ferme, j'ai arboré le drapeau de nos Rois qui est aussi le drapeau de la liberté. Moi aussi je ne veux de la tyrannie sous quelque nom et sous quelque forme qu'elle paraisse : je n'en veux ni sous les haillons du sans-culotisme, ni sous le manteau doré de l'empire, ni sous la soutane des prêtres; je n'en veux nulle part. Nous soutenons la même cause; la cause de la France. Anime donc et fortifie ma faible voix!

Ce ne sont pas des sons vulgaires qui peuvent arracher les hommes qui nous gouvernent au sommeil léthargique, à la torpeur dans laquelle ils sont plongés. Il faudrait frapper leurs organes engourdis par de mâles accens, par des accens qui ressemblent aux éclats du tonnerre.

Répondez, ô vous qui, à son élévation, vous fîtes les garans du ministère Villèle; dites, nobles amis du Roi, que sont devenues ces brillantes espérances que vous conçûtes alors? Il nous a trompés, dites vous, dans l'amertume de votre âme. Hélas! oui, il vous a trompés. Il a fait plus, il s'est trompé lui-même. Il n'a compris ni la nature, ni la situation des choses qu'il avait à conduire.

La puissante nation qui couvre le sol heureux qui s'étend du Rhin aux Pyrénées, et des Alpes à l'Océan, sortit jadis des forêts de la Germanie. Elle n'était alors qu'une horde guerrière dont les mœurs simples reposaient sur des institutions également simples.

Un chef électif, sous le nom de Roi, commandait. Il réglait toutes les affaires importantes avec les chefs de la nation. Les peuples vaincus demeuraient dans la dépendance.

Les réunions se faisaient à des époques fixes, annuelles et solennelles. Les Francs, dans les champs de mars et dans les champs de mai, comme les peuples de la Grèce et de Rome dans leurs comices, prononçaient sur les affaires publiques.

Ces assemblées ne se composèrent longtemps que d'un seul corps. Le Roi recueillait les suffrages et exécutait les décisions.

Par la suite des temps, une espèce de fusion s'étant opérée entre les vainqueurs et les vaincus; ceux-ci, élevés à la franchise, prirent le nom de Francs; mais les chefs, pour se distinguer, s'appelèrent nobles.

Le conseil de la nation, le souverain, cessa d'être homogène. Il se composa d'élémens divers. Les nobles, qui avaient voulu porter un nom plus beau que le nom de Franc, ne voulurent plus se confondre avec les Francs par leurs personnes, comme ils ne voulaient plus s'y confondre par le nom. Ils firent un ordre à part.

Le clergé, de son côté, se sépara du peuple et des nobles. En leur prêchant l'humilité, il se fit le premier ordre.

Les états généraux, en France, se trouvèrent ainsi composés du clergé, de la noblesse et du peuple, qui fut le troisième ordre ou le tiers état. Ils formèrent la Cité, le Roi demeurant en dehors et n'en étant que le premier officier. Dans leur absence et lorsqu'il négligeait de les convoquer, le Roi décidait seul, et sa volonté en général faisait loi.

Les trois ordres, d'abord égaux en puissance, ne conservèrent pas long-temps cette égalité. Le clergé, dont une partie des revenus était en rentes, vit diminuer ses ressources par l'augmentation du numéraire, qu'amena la découverte du Nouveau-Monde.

La noblesse, terrassée par Richelieu, ruinée par le luxe et énervée par les plaisirs, sous Louis XIV et la régence, n'était plus devenue qu'un corps de parade, en comparaison de sa grandeur passée.

Le tiers état avait démesurément grandi et par le nombre, et par le commerce, et par l'industrie et par les richesses et par le savoir. Il était à lui seul toute la nation. Aussi, lorsque les trois ordres se sont trouvés en présence, dans ces derniers temps, les deux premiers sont venus se perdre dans le troisième.

A cette dernière époque de la convocation des états généraux, le Roi s'est encore trouvé hors de la Cité. Il ne faisait pas partie de l'assemblée nationale. Lorsque la France s'organisa en république, la royauté ne perdit point la souveraineté qu'elle n'avait pas; mais seulement le pouvoir exécutif.

Peu faite aux exigences du régime républicain, qui ne se nourrit que de vertu, les Français parurent étonnés.

Un soldat, fascinant les yeux par le prestige de victoires remportées pour lui plutôt que pour la patrie, établit la tyrannie sur l'autel même de la liberté.

Mais bientôt, abandonné par la France qu'il avait trompée, nous le vîmes tomber sous les coups de l'Europe qu'il avait soulevée contre lui.

La race de nos Rois revint, et, se plaçant sur un terrain nouveau, elle fit un pacte solennel avec la nation.

Ce pacte fut fondé sur l'ancien droit public de la France ; sur ce droit qu'y ont toujours eu les hommes libres de prendre part aux affaires publiques, depuis les champs de mai jusqu'aux derniers états généraux.

Cette fois la royauté ne demeura plus hors de la Cité : elle y prit sa place, et le clergé, qui l'avait si long-temps occupée, en fut exclus. Le clergé n'était entré, comme corps politique, dans les états généraux, qu'à la faveur des ténèbres du moyen âge. Il ne peut, comme tel, dans un état qui, de sa nature, n'est pas théocratique, faire partie de la Cité, sans abus. Son exclusion fut donc légitime.

Aux discours, aux actions du ministère Villèle, on put promptement reconnaître son incapacité.

Trouvant tout dans une assiette tranquille, il pensa que la crise qu'on venait d'éprouver n'était, dans l'ordre politique, qu'une fièvre ardente dont la cause avait cessé avec l'accès; qu'un accident purement fortuit, comme une tempête n'est qu'un dérangement momentané dans l'atmosphère. Que si l'État ne marchait plus dans son ancienne voie, si ses membres n'étaient plus à leur ancienne place, il fallait ramener toutes choses à leur ordre primitif. C'est ainsi que, dès que la fureur des vents est calmée, on fait reprendre au vaisseau la route qu'il suivait avant l'orage.

Le ministère Villèle voulut donc tout ramener à l'ancien état. Il songea peu à s'assurer si la chose était juste, politique, même possible.

Rome l'a maintenu et fortifié dans ce projet d'erreur. Rome a vu jadis les couronnes des potentats de l'Europe relever de sa suzeraineté. Sans prétendre aujourd'hui à cette ancienne grandeur, elle y rêve encore quelquefois. Ses lévites, en France, ont fait partie de la Cité, et regrettent cet heureux temps. Ils ne sauraient se contenter d'être seulement les ministres de Dieu. Un caractère tout divin ne peut les satisfaire. Ils veulent autre chose encore : le souiller dans les misères de ce monde.

Les prêtres veulent reprendre dans la Cité la place qu'ils y possédaient autrefois, au préjudice du Roi; ils veulent mieux encore, ils veulent prendre la place du Roi, et le ministère les seconde dans cette entreprise régicide !

Ce n'est plus d'une question de dynastie qu'il s'agit, comme en 1815; ce n'est plus d'une question de forme de gouvernement, comme en 1792; c'est d'une question d'existence nationale.

Dans ce projet criminel le ministère a tout corrompu. Il a changé les affections comme le sens des mots. Au retour des Bourbons on croyait que royaliste signifiait ami du Roi et de la France. Aujourd'hui, ceux que le ministère regarde comme royalistes, ne sont, comme lui, que les amis des jésuites et du pape. Nos royalistes du jour sont, comme leurs ancêtres du temps de la ligue, les plus dangereux ennemis du roi. Ils mettraient dévotement sa couronne sur la tête du pape. Voilà les hommes que le ministère appelle les soutiens du trône.

De concert avec le ministère, le parti prêtre, instrument d'une puissance rivale et jalouse, dont l'âme et la tête sont hors de la France et siègent au delà des monts, veut lui transporter la souveraineté; il veut ramener la France sous le vasselage du pape.

Il faut en convenir, les prêtres font ici preuve de mémoire, de connaissance du cœur humain et de présence d'esprit. Après une crise où l'on a eu tant de torts qu'on est parvenu à les faire avouer même par leurs auteurs, on peut obtenir beaucoup au delà d'une juste réparation.

Ce n'est pas uniquement de l'amour de Dieu que les prêtres sont dévorés; ce n'est pas non plus de l'amour des Rois : c'est encore de l'amour de la domination dans ce monde. S'ils servent Dieu, ils veulent, à leur tour, être servis par les hommes et les Rois.

Voyez-les, en Espagne, lever audacieusement contre la royauté une tête rebelle, arborer drapeau contre drapeau, soulever les peuples, rassembler et solder des armées, et, bravant froidement la souveraineté du diadème, exiger qu'elle se prosterne devant eux.

Ce n'était pas par amour pour ce roi malheureux qui n'a encore connu que des tribulations dans ce monde, ce n'était pas pour le tirer d'esclavage qu'ils appelèrent nos armées; c'était pour s'assurer la souveraineté en le ramenant sous leur empire. Aussi déchirèrent-ils l'ordonnance d'Andujar.

Dans toute cette expédition d'Espagne, nous n'avons travaillé que pour eux. Pourquoi nous étonner que ceux qui nous ont ainsi faits leurs dupes nous méprisent?

Les prêtres veulent la domination, coûte que coûte; danger que danger, ils la veulent. Ils ont perdu les Stuarts, ils pourraient causer de plus grandes pertes encore; mais que leur importe la perte des princes s'ils ne peuvent être maîtres de leurs États?

Ce parti, quoique sans racine en France, sans force réelle ni morale, veut à tout prix s'emparer du pouvoir, n'importe comment; ne fût-ce que par surprise. Il sait qu'un siècle de troubles, d'agitations et de bouleversemens, peut laisser des voies ouvertes à l'adresse et à la ruse.

Rome donc a appelé à elle une milice inquiète, active, intrigante; elle a rétabli cet ordre décrié, proscrit par toutes les nations, et qu'elle-même par bienséance s'était vue forcée d'abolir.

Avec ces nobles auxiliaires elle se présente auprès des rois, leur rappelle et leurs malheurs et les siens, en redit les auteurs, leur montre son secours, leur parle du dévoûment de ses nouveaux amis pour les trônes. Par astuce, dans l'ombre et le silence, elle tend ainsi ses filets.

Rome et ses prêtres parlent de l'amour des jésuites pour les Rois! Ce n'est pas au moins des rois qu'ils assassinent qu'ils sont amis. Ce n'est pas en particulier des Rois de France; le sang du dernier des Valois, le sang du premier des Bourbons du grand Henri, ne déposent pas de leur amour.

C'est avec ces soutiens des Rois que le ministère Villèle s'est allié. Admis dans l'éducation, ils règleront bientôt les mœurs et la morale : charger les jésuites de la morale! ne vaudrait-il pas autant charger des eunuques de repeupler le monde?

Nous allons voir quel heureux essai de leurs principes le ministère a déjà fait à l'égard de la morale publique. En attendant ils sapent les bases du trône qu'ils caressent.

Nos formes constitutionnelles n'ont rien d'effrayant pour ce parti. S'il parvenait à circonvenir le trône, il serait presque maître. Il ne lui faudrait plus que fausser les élections. Pouvant avec les prérogatives de la couronne rompre les résistances de la chambre des pairs, avec la censure fermer la bouche aux amis de la France, il dominerait. Il aurait un pouvoir absolu. Ce despotisme légal lui plairait même mieux que ce pouvoir brutal, qui ne s'exerce qu'avec violence et ne peut être commodément manié par un bras faible et délicat. Le parti, dans cet état, attendrait patiemment un meilleur avenir.

Le plus grand malheur de l'ancien état de choses, venait de ce que le Roi était hors des états généraux et ne participait pas à la souveraineté. La couronne devait mettre peu d'empressement à réunir un corps qui la dominait. Elle aimait mieux supporter seule les charges du gouvernement que de s'en voir alléger le fardeau par une puissance dont les félicitations flattaient peu son orgueil et dont les ordres l'humiliaient. Pour la décider à cette grande mesure, il fallait de ces circonstances suprêmes qui réclament pour le salut de l'État des moyens extraordinaires. Durant ces trop longues suspensions des états, naissaient les abus; ils croissaient au point que leur destruction a été seule une révolution.

Aujourd'hui incorporée avec la Cité, la couronne doit s'identifier avec elle, en devenir l'âme.

La Charte par une heureuse combinaison a assuré au prince, aux grands, au peuple, seules parties constituantes de la nation, des garanties suffisantes. Est-il un mode de gouvernement préférable? Il n'est exclusif pour personne. Il renferme les principes de toutes les institutions politiques possibles. L'ami du pouvoir absolu, l'ami de l'aristocratie, l'ami de la démocratie, tous, trouvent un asile bienveillant sous son ombre protectrice.

Il s'agissait donc de l'exécuter, et avant tout de la comprendre.

PREMIÈRE PARTIE.

Le ministère Villèle sape nos institutions, détruit nos libertés et attente au pouvoir royal.

Les ministères qui ont précédé le ministère Villèle ont pu la vouloir, la Charte; mais on ne s'est guère aperçu qu'ils l'aient comprise.

Le ministère Villèle ne la veut, ni ne la comprend. Il ignore ce qu'il est lui-même; nommé par le pouvoir, il se croit simplement le ministère du pouvoir; pense que ce pouvoir est unique dans l'État, lorsqu'il y en a trois; qu'il ne doit faire les affaires que de l'autorité qui l'a nommé, et n'est comptable de ses actions qu'envers elle, lorsqu'il en est également responsable auprès des deux autres pouvoirs qui ont le droit de l'accuser et de le condamner. Ceux-là aussi sont maîtres, qui ont le droit de chasser de la maison les mauvais serviteurs.

Le ministère Villèle aime les allures du despotisme ; il ne peut souffrir ni contrariété ni résistance · semblable en cela à l'homme du destin, il veut renverser tous ses garde-fous. Quand il ne peut les briser, il veut les faire tomber par adresse et par ruse.

Il ne voit que le pouvoir qu'il exploite à son profit, veut que tout s'aplanisse devant lui, et que sa volonté soit la volonté et la loi de tous.

Dans son illusion, il s'identifie avec le pouvoir royal, croit ne faire avec lui qu'une seule et même chose, et par conséquent être infaillible comme lui.

Il ne sait point qu'il est cependant un cas où le Roi même peut faillir, c'est en choisissant ses ministres, puisque ceux-ci sont accusables.

Que si le Roi d'ailleurs ne peut jamais vouloir faire mal, c'est que le Roi fait partie essentielle du souverain ; que, comme tel, le mal qu'il pourrait vouloir retomberait sur lui, et que dans ce monde on ne veut pas son propre mal.

Le ministère attaque donc insensément toutes les oppositions qu'il croit trouver dans la Charte, et, faute de la comprendre, il les augmente plutôt que de les détruire. C'est ce qu'il a fait en élevant le cens des électeurs et en demandant la septennalité.

Les jésuites qui le guident n'ont pas mieux que lui calculé les dangers où pouvaient le jeter ces moyens de destruction de nos libertés.

Quand la Charte a dit que celui-là était électeur qui payait 300 fr. d'impôts directs, le ministère Villèle l'a-t-il comprise ? Nous ne le pensons pas.

Il aurait eu tort de croire que c'est l'impôt qui fait l'électeur, que c'est par les charges que le droit de Cité s'acquiert; tandis que c'est dans les conditions qui donnent le droit de Cité qu'on trouve le moyen de s'imposer des charges pour le défendre.

Le droit de Cité repose sur l'indépendance de notre position sociale. C'est parce qu'un homme possède, soit par son fonds, soit par son industrie, un revenu suffisant pour le mettre dans un état d'indépendance, qu'il est électeur.

La pensée de la Charte était donc que quiconque avait à sa promulgation un revenu tel qu'il payât à raison de ce revenu un impôt direct de 300 fr., cet homme avait le cens électoral. Ainsi c'était le revenu et non pas l'impôt qui constituait l'électeur. On ne se servait de l'expression de l'impôt, que comme étant un moyen simple, fixe et tout trouvé de connaître le revenu.

Si l'impôt a diminué d'un dixième, il s'ensuit qu'on est électeur en payant 270 fr.; s'il y avait augmentation d'un dixième, il faudrait payer 330 fr. (1).

La qualité d'électeur, qui dépend d'une condition donnée, l'indépendance sociale, ne peut être soumise aux fluctuations de l'impôt, qui est variable de sa nature, et comme les besoins publics. On augmenterait les électeurs à volonté en augmentant l'impôt, on donnerait ainsi le droit de Cité à des gens qui n'auraient point l'indépendance sociale que ce droit exige. En baissant l'impôt on repousserait de la Cité, comme on l'a fait, des hommes qui en font partie.

Cette opinion que l'impôt fait l'électeur ne peut amener que des fautes.

Dans ce système, les régulateurs de l'impôt pourraient se jouer de la démocratie, comme

---

(1) Rigoureusement parlant, il faudrait dans le premier cas un peu moins de 270 francs, et dans le second un peu plus de 330 francs; car d'un côté le revenu serait augmenté, et d'un autre il serait diminué de ce dont l'impôt aurait varié.

on se joue, par une fausse application de la Charte, de l'aristocratie sur laquelle on opère comme sur une cire molle sans consistance, à laquelle on peut faire prendre toutes les formes.

Le ministère donc, qui, en diminuant les impôts, a réduit les électeurs, n'a pas compris la Charte; décharger les citoyens d'un impôt n'était pas réduire leur revenu.

Pourquoi d'un autre côté élever le cens de la démocratie, déjà fort élevé, et peut-être trop près des limites de l'aristocratie?

La démocratie dont on retranche partie des membres, sans rien ôter à ses attributs, augmente de force à mesure qu'elle est plus concentrée. En effet, l'aristocratie n'est qu'une démocratie éliminée, et la monarchie absolue n'est que la démocratie réduite à l'unité.

Par un résultat tout contraire à ses vues, le ministère a fortifié ce qu'il voulait affaiblir.

Il fortifie la démocratie qui, dit-il, coule à pleins bords, et affaiblit l'aristocratie dont la vie est presque une question.

Si le ministère eût compris et voulu la Charte, son premier soin eût été de fixer les limites dans lesquelles doivent agir les trois élémens de la souveraineté, le pouvoir d'un seul, l'aristocratie et la démocratie.

On a constitué une aristocratie, et on laisse la chambre qui la représente dans l'isolement, sans appui reconnu, sans entourage. La nation ainsi que l'aristocratie elle-même ignorent quels sont les citoyens dont elle protège spécialement les intérêts. On ne peut dire où l'aristocratie finit et où la démocratie commence.

On a établi une démocratie, et ses mandataires, ses députés sont nommés non pas seulement par elle, mais encore par toute l'aristocratie, par les pairs même ; de manière que les représentans de la démocratie sont en même temps les représentans de l'aristocratie, des pairs eux-mêmes. La chambre de la démocratie se trouve ainsi représenter l'aristocratie et la démocratie. Si dans sa nomination l'aristocratie a dominé, les intérêts du peuple peuvent être sacrifiés, et réciproquement ceux des grands, si les nominations se sont faites sous l'influence populaire.

La chambre haute n'a guère qu'une puissance nominale et ne peut faire un contre-poids à la chambre élective. En effet, que représente-t-elle? Elle ne se représente pas même elle-même, puisqu'elle a chargé les députés de son mandat.

Lors des états généraux le tiers état ne votait pas avec la noblesse pour en composér la députation, ni la noblesse avec le clergé. Chaque ordre nommait ses députés.

On a suivi machinalement l'exemple de l'Angleterre, sans réfléchir que si les deux peuples ont le même système représentatif, l'application ne peut leur en être faite semblablement.

La position politique de la France et celle de l'Angleterre ne sont point identiques. Il y a en Angleterre peu de royauté, beaucoup d'aristocratie et point de démocratie. Elle n'y est plus qu'une illusion depuis qu'elle a donné des pouvoirs pour sept ans. Elle n'y paraît plus que défigurée sous un simulacre de démagogie.

En France, la royauté est fortement constituée, l'aristocratie n'y est presque qu'un nom; la démocratie y est puissante et point de demagogie.

En Angleterre, l'aristocratie est trop puissante, et trop faible en France. En Angleterre, l'aristocratie peut, sans danger, avoir l'air, pour se populariser, de se faire représenter par la démocratie; mais on ne peut en faire autant en France. L'aristocratie est loin de pouvoir paraître se jouer avec la démocratie d'une puissance qu'elle n'a pas, elle dont l'existence est presque un problème.

L'aristocratie n'est pas une chose de convention, une chose en l'air, fictive et simplement nominale. L'aristocratie, pour se soutenir, doit avoir des pieds sur la terre. Elle est essentiellement territoriale. Ce n'est pas parce qu'on porte un vain titre qu'on en fait partie; ce ne peut être que comme représentant une notable réalité.

Cette aristocratie si faible, on la mine encore; on la détruit par de fausses mesures.

Le ministère Villèle, par une création démesurée de pairs, ainsi que le ministère de Cases, n'a point eu pour but de fortifier l'aristocratie. L'un et l'autre l'ont affaiblie, déconsidérée. En la noyant continuellement dans la multitude, ils l'empêchent de se constituer. Le moyen qui devait la régénérer, ils s'en sont servi comme d'un moyen de dissolution.

Comment expliquer cette conduite du ministère Villèle, qui dissoût ici l'aristocratie, avec ce que nous lui avons vu faire pour le rétablissement du droit d'aînesse.

Ce n'était pas en haine de l'aristocratie que le ministère se chargeait de la malédiction publique, pour lui présenter le secours du droit d'aînesse.

S'il a si long-temps violenté la France pour

lui faire adopter une loi que repousse son esprit de justice, on a dû penser qu'il croyait agir dans l'intérêt de l'aristocratie. Celle-ci, plus habile que le ministère, ne voulut pas d'un appui qui blessait les affections nationales.

Si le ministère ne préférait pas sa conservation à l'existence de l'aristocratie, et par suite au repos et au bonheur de l'État, pourrait-on dire d'où vient le coup mortel qu'il porte aujourd'hui à l'un des trois pouvoirs sur la conservation desquels repose tout notre avenir politique?

Si la Charte ne limite pas le nombre des pairs, elle ne donne pas aussi un droit qui sort des limites des attributions humaines. Comment faire pair celui qui n'aurait pas les qualités sans lesquelles on ne peut être pair?

Pourquoi tenter ce que le bon sens montre impossible? Encore qu'un prince ait le droit de battre monnaie, s'il n'a ni or, ni argent, pour en faire, il faut qu'il suspende l'exercice de son droit. Que faire, en effet, quand la matière manque.

Si Tarquin eût fait tomber toutes les hautes têtes de Rome, comme il conseillait de le faire chez un peuple voisin, il eût cessé d'avoir un sénat, bien qu'il eût pu nommer de nou-

veaux patriciens. Des patriciens sans patronage ne sont qu'une vaine ombre du patriciat.

Qui peut donner la faculté de faire que ce qui est petit soit grand, de transformer d'un mot un pygmée en géant, et de faire d'un coup de baguette des la Trimouille, des Montmorenci.

Louis XIV, après la mort de Turenne, put bien faire une multitude de maréchaux de France; mais il ne put faire de Turenne.

Une réunion d'hommes qui n'auraient que le nom de pairs, sans en avoir les attributs, ne constituerait pas la pairie. Quoi! on exige un cens pour les députés, même pour les électeurs; et l'on n'en exige pas pour la pairie? Le premier venu serait bon?

Les trois pouvoirs qui forment ensemble le souverain, doivent avoir, dans un État comme la France, chacun par soi-même une consistance immense. Quel appui pourrait donner à l'aristocratie des pairs qui, pour soutenir leur dignité, auraient besoin d'être pensionnés par l'État? Pour donner une force réelle, il faut en avoir par soi-même et ne pas la tenir d'emprunt.

Dans une opposition entre la couronne et le peuple, comment la chambre des pairs ramènerait-elle l'harmonie par son influence si elle n'en avait pas? Il ne lui suffirait pas d'incliner pour l'un ou pour l'autre. Elle ne pourrait faire pencher la balance si elle n'y mettait un poids avec elle.

Ce n'est guère subitement et par centaine que les grandes supériorités nationales se forment. Incorporer ainsi les citoyens par masse dans la pairie, c'est lui enlever son indépendance; c'est en faire un instrument du pouvoir, c'est la détruire.

Cet intermédiaire utile et nécessaire entre la royauté et le peuple, n'existant plus, comment éviterait-on les contacts et les chocs entre deux puissances toujours en présence? l'une fière d'avoir doublé sa force, et l'autre augmentant par cela même ses défiances.

N'est-ce pas revenir au point d'où nous sommes partis? N'est-ce pas rendre l'avenir gros de révolutions? amonceler à plaisir l'orage qui porte la tyrannie dans son sein. Qui ne doit craindre qu'il ne la dépose encore dans le giron d'un despote, ou entre les bras d'une multitude trop souvent égarée ou factieuse. Ah! pourquoi renverser les loix de sa patrie? abuser ainsi, pour détruire la Charte, de la faculté qu'elle donne pour la consolider. C'est se faire une arme de la trahison ; c'est profiter de l'hospitalité pour égorger son hôte.

La sagesse de nos rois leur avait fait dire à leurs ministres : « Si nous vous ordonnons » quelque chose de contraire aux loix, n'ob- » temporez pas à nos ordres. »

Le ministère Villèle s'est-il empressé de suivre cet ordre inspiré par la vertu ?

C'est à l'alliance du ministère Villèle avec les jésuites, c'est à sa loi de la septennalité, c'est à son projet de la loi vandale que nous allons le demander.

Pour justifier les dangers politiques et moraux de l'alliance du ministère avec les jésuites, les raisons et les faits abondent. Nous ne l'examinerons ici, cette alliance, que sous le rapport de la violation de la loi, laissant à d'autres exposer les dangers, si nombreux et si grands, qu'elle traîne avec elle. Sous ce rapport de la violation de la loi, cette alliance n'est pas seulement une mauvaise, une fausse mesure : c'est plus qu'une faute, c'est un crime; et nous le prouvons.

Lorsqu'un homme ne satisfait point à ses promesses, à ses engagemens ; lorsqu'il se trouve publiquement en défaut, les tribunaux, organes de la loi, interviennent entre la société et lui, et déclarent sa banqueroute; il perd ses droits politiques, avec eux, les honneurs et les prérogatives de la Cité; il cesse d'en être membre.

Si un autre ne se borne pas à manquer à soi-même, s'il manque à ses concitoyens, s'il attente à la personne ou aux biens d'autrui, ce n'est plus de la Cité seulement qu'il est chassé, c'est de la société même; elle rejette de son sein un être qui n'y est que comme un principe de trouble et de désordre.

Si, au lieu d'un individu, c'est une association d'individus qui ait forfait à l'honneur, qui ait tourmenté, ébranlé la société, qui soit chez elle une cause d'immoralité, et ait jeté la corruption jusque dans ses fondemens; la loi, qui avait reconnu et admis dans la Cité l'Ordre qui en menace l'existence, intervient à son tour, et en expulse cet élément de discorde qui pourrait devenir une cause de perdition, de ruine et de mort.

Dans le premier cas, le failli n'a perdu que son existence politique; dans le second, le coupable a perdu à la fois son existence politique et son existence civile, il est mort civilement; dans le troisième, l'association aussi a encouru la mort civile.

Mais si le failli vient à remplir ses engagemens, il peut être réhabilité; si le criminel fait espérer un heureux retour à la vertu, il peut être gracié; si l'Ordre coupable qui avait compromis le salut de l'État renonce à ses doctrines, et rentre dans les voies de l'honneur et de la vertu, il peut être amnistié.

La réhabilitation est faite par les tribunaux; la grâce est accordée par le prince qui représente le souverain; l'amnistie est donnée par le souverain lui-même, par une loi.

Mais avant la réhabilitation faite, mais avant la grâce accordée, mais avant l'amnistie donnée, mais avant d'avoir mérité l'indulgence des hommes, lorsque le stigmate de la réprobation sociale est encore empreint sur leur front, alors qu'ils sont tout entiers sous la flétrissure de la loi, comment appellerait-on l'acte du ministère qui introduirait dans les colléges électoraux les détenus de Sainte-Pélagie, les faillis de la France? qui réintégrerait et reconstituerait dans la société sur le pied de ses membres ordinaires les forçats de nos bagnes? qui ramènerait dans le cœur de l'État une corporation qui en est le mortel poison, et ferait alliance avec elle? On dirait: c'est un crime.

Mais la septennalité n'est-elle pas, d'un autre

côté, un témoignage du mépris du ministère pour la loi fondamentale? n'en consacre-t-elle pas la violation?

La Charte veut que les députés soient nommés pour cinq ans et de manière que la chambre soit renouvelée chaque année par cinquième. En les nommant pour sept ans sans renouvellement annuel, se conforme-t-on à la Charte, ou la viole-t-on?

Eh! pourquoi la viole-t-on? Ce n'est pas pour complaire au Roi, qui défend de violer jamais la loi lors même qu'il l'ordonnerait.

Ce n'est pas non plus pour le servir; car si l'on craint pour le trône la puissance de la démocratie, n'agissant qu'avec le cinquième de sa force, que n'en doit-on pas redouter si, après un repos de sept ans, elle agit dans toute la plénitude de ses moyens? Le faible bras du ministère, qui se trouvait déjà fatigué de son action partielle, résistera-t-il à l'impétuosité de ses efforts réunis? Ce n'est pas contre la violence d'un torrent fougueux que la prudance conseille de lutter; mais, pour se garer de ses ravages, on détourne près de sa source les flots surabondans.

Que faire d'ailleurs en France contre l'honneur ou les lois avec un corps qui doit durer sept ans, et dont toutes les actions se font en présence de la nation tout entière? Fût-il dans l'origine, corruptible, servile ou dégradé, méprisable il craindra le mépris : se raidissant contre lui-même, il résistera à son propre naturel; il fera par la peur du blâme ce que les âmes généreuses font par vertu.

Dans quel but, si ce n'est dans un but insensé, le ministère a-t-il donc pris cette mesure? Ce n'est pas apparemment dans l'intérêt de la démocratie. Trop sujette à la fougue, à l'emportement, aux excès et aussi à la tiédeur, à l'indifférence qui les suivent, la démocratie a besoin d'une action continuelle, mais modérée. Un ébranlement universel, après un long repos, peut lui être aussi funeste qu'à ses propres ennemis. Sortie de son orbite, elle ne peut plus y rentrer. Ses excès alors peuvent amener sa perte, celle de l'aristocratie, celle du trône, celle même de la patrie.

Autre danger : des députés pour sept ans peuvent oublier qu'ils sont des mandataires et se croire indépendans de leurs commettans.

La septennalité en Angleterre a tué la démocratie, qui n'y existe plus que comme un artifice de l'aristocratie.

La septennalité est contre la nature de la démocratie, qui ne peut s'endormir si long-temps sans danger de s'endormir pour toujours. Pendant ce long sommeil on perd l'instinct des bons choix. Il faut tout d'un coup trop de députés et trop peu de gens ont pensé à s'en rendre dignes. Des entreprises chanceuses par elles-mêmes se poursuivent rarement pendant sept ans d'avance.

La septennalité ne pouvait donc être que redoutable à la démocratie comme au ministère. Ce n'est pas pour la consolidation de nos institutions qu'elle menace qu'elle a été demandée.

C'est encore dans cet esprit d'aveuglement qu'on a vu faire au ministère tant d'efforts déplorables contre la liberté de la presse.

La Charte avait promis cette liberté. Pourquoi ces tentatives effrénées du ministère pour la détruire? Sous le nom de licence il poursuit la liberté. La licence et la liberté ne se ressemblent pas : la licence franchit les limites de la vérité pour se jeter dans l'exagération ; elle se nourrit d'erreurs, de faussetés, d'impostures; mais la loi et les tribunaux sont là pour la punir.

La liberté de la presse, comme toutes les libertés, fière et non insolente, attaque le mal franchement, sans détour comme sans ménagement. Elle éclaire, surveille, gourmande ou loue, suivant leurs œuvres, les agens du pouvoir et ne les caresse jamais. Censeur sévère, incorruptible et vigilant, elle ôte à l'hypocrisie son masque, à la bassesse ses échasses, et rend à la vertu sa noblesse.

La liberté de la presse fuit l'ombre et les ténèbres, elle amène tout au grand jour; c'est à la clarté du soleil qu'elle pèse les actions des hommes.

La licence et la liberté de la presse se reconnaissent donc à des signes certains. L'une et l'autre ne se ressemblent pas plus que le bien et le mal.

Le ministère, en voulant introduire, dans la loi qui doit réprimer l'une et conserver l'autre, la fausseté, la spoliation, le cynisme même de l'immoralité, donne lui-même l'exemple de la licence. Il ne protège pas la liberté de la presse, il veut l'étouffer.

Comment d'ailleurs le ministère protégerait-il la liberté de la presse? La liberté de la presse dévoilerait, signalerait ses manœuvres et les trames infâmes qu'il ourdit pour la honte et le malheur de la France.

Peut-être que le cri de la douleur publique, franchissant le seuil du palais de nos Rois, arriverait jusqu'au trône que le ministère trompe et égare.

Que dirait ce prince magnanime qui voulait

n'être qu'un Français de plus, lorsqu'il apprendrait que ses ministres emploient la ruse, la fraude et la violence pour dépouiller les Français des droits que son âme franche et loyale a fait solennellement le serment de leur garantir. Il jetterait un regard d'indignation sur ces hommes hypocrites et pervers qui l'outragent, en calomniant par leur conduite ses nobles et royales paroles, et les précipiterait dans le néant dont ils n'auraient jamais dû sortir.

De quel sentiment douloureux en effet son cœur ne serait-il point contristé en voyant ceux-là même qu'il a préposés à l'exécution des lois, se servir de son propre nom pour pousser à leur violation?

De quel œil verrait-il frauder les élections, refuser à l'un son cens et l'accorder à des intrus? et cela, pour fausser les choix, pour présenter ses élus sous le nom des élus de la France, pour exprimer par ses créatures ses vœux et ses sentimens, comme les vœux et les sentimens d'un peuple dont on ne comprend ni dit-on ne veut comprendre les besoins physiques et moraux.

Que dirait-il s'il savait qu'ils ont jeté l'opprobre et la honte sur ses mandataires, sur ceux par lesquels s'émanent sa puissance et ses bienfaits?

Si le ministère eût semé dans les cœurs l'amour

du Roi, s'il eût conservé, protégé nos libertés plutôt que de les détruire; s'il eût repoussé avec énergie les entreprises d'une faction ennemie qui veut s'élever par l'avilissement national; s'il eût marché avec les intérêts de la France, les défendant, les encourageant; si, surtout, il en eût compris le plus noble et le plus cher, l'honneur qu'on y regarde comme une seconde divinité. S'il en eût développé, augmenté l'amour, plutôt que de comprimer, d'éteindre les sentimens généreux par un système de matérialisme, de corruption et de vénalité, qui veut tout soumettre à la puissance de l'or, la France entière serait avec lui. Nous ne le verrions pas seul, sans amis, lutter follement contre l'indignation générale; nous ne le verrions pas obligé de recourir aux moyens extrêmes, à la violence pour se faire soutenir par ses propres agens; nous ne le verrions pas trembler devant la publicité de ses œuvres, faire des efforts redoutables pour arrêter, pour détruire la liberté de la presse.

Cette liberté qui le tourmente et lui ôte le sommeil, chanterait son administration, appelerait sur lui la gratitude et les bénédictions de la France.

La liberté de la presse, qui poursuit les mauvais ministres, assure et fait la gloire de ceux qui servent leur patrie. Elle est le boulevart le plus solide des intérêts des nations.

Eh! qui saurait sans elle que le ministère Villèle trahit les intérêts de la France et du Roi, pour une faction ennemie? qu'il insulte à la sagesse et à la justice des tribunaux qui repoussent ses iniquités; qu'il renvoie et destitue les magistrats qui osent appeler de ses exigences à la loi. Un mot arraché par la force de la vérité, ce mot si juste : « On aura l'ancien » régime, avec les jésuites de plus et les libertés » de l'église gallicane de moins, » n'est pour le courageux magistrat qui l'a prononcé, qu'un sujet de destitution. On ne récompense, on n'honore plus ce qui est noble et grand, on le punit.

Sous le gouvernement de la Charte, la liberté de la presse est une condition de notre existence politique. La Charte reconnaît trois puissances : celle du Roi, celle de l'aristocratie, celle de la démocratie.

Il est de la nature du pouvoir d'un seul d'être instruit par ses nombreux agens de ce qui s'exécute, se prépare, se médite au loin comme auprès de lui; de combiner ses projets dans le secret et d'agir suivant ses convenances :

toujours maître d'attaquer et de choisir le moment opportun, il peut long-temps d'avance se mettre en garde pour la défense.

Il est de la nature de l'aristocratie que ses membres se connaissent en général ; leur petit nombre facilite leurs relations qu'entretiennent une éducation, des goûts et une position sociale qui sont à peu près partout les mêmes. Unis par les mêmes intérêts, ils sont les intermédiaires entre le prince et le peuple. Par leurs rapports avec l'un et l'autre, ils sont instruits de tout ce qu'il est possible de savoir des vues de l'un, et souvent dirigent même à son insçu, l'action de l'autre.

La liberté de la presse, cependant, est encore utile au pouvoir absolu et à l'aristocratie, ne fût-ce que pour les avertir ou les préserver de leurs fautes.

Mais la liberté de la presse n'est pas seulement utile, elle est indispensable à la démocratie qui se compose d'une multitude de petits intérêts isolés, dont les membres, occupés de travaux continuels, sont naturellement éloignés des affaires publiques. Il lui faut la liberté de la presse pour les y ramener. La liberté de la presse est le porte-voix de la démocratie.

La presse, et surtout la presse périodique,

éclaire ceux qui n'ont pu s'instruire des affaires de l'État, les réunit, fait des petites résistances une masse de force capable d'arrêter la violence du pouvoir, en formant cette opinion que le despotisme même respecte et qu'on salue, ici-bas, comme la reine du monde.

Que feraient sans elle ces citoyens isolés contre lesquels deux puissances rivales paraissent continuellement prêtes à fondre.

Et les souterrains de la politique! qui peut dire que l'intrigue avec ses artifices ne les parcourt pas! Qui peut dire que l'on ne creuse pas ténébreusement, sous les institutions de la démocratie, quelque mine dont l'explosion la surprenant dans le sommeil, révèlerait son anéantissement en même temps que son attaque. Quelle autre puissance que la presse périodique, qui a des chemins connus, toujours ouverts, et se fait ainsi jour partout, peut, et assez promptement, et assez publiquement éventer et déjouer ces machinations infernales.

C'est une grande, une immense publicité qu'il faut à la démocratie pour la réveiller, l'éclairer, la réunir, la diriger, l'animer simultanément sur tous les points d'un grand empire.

Tous les citoyens d'une ville peuvent se réunir sur le forum, et la voix d'un magistrat se faire entendre de tous ; mais quand la Cité comprend un espace de plus de quatre cents lieues carrées, il faut recourir à un moyen de communication proportionné à l'étendue du besoin.

Pourquoi cette obstination, cette si longue opiniâtreté à vouloir détruire le soutien indispensable d'un des trois pouvoirs qui constituent l'État ; et le détruire en foulant aux pieds la loi fondamentale qui le consacre?

Quels services ne rendrait-elle pas encore la liberté de la presse, quand elle ne ferait que de signaler les abus de l'administration.

SECONDE PARTIE.

Abus de l'administration, corruption des mœurs publiques.

L'ADMINISTRATION en France n'a rien de libéral ; elle est tout entière de despotisme. Tous ses agens, soldés comme des mercenaires, révocables à volonté, sont esclaves du ministère qui les traite comme un maître traite ses valets.

Pour une administration qui n'a pas d'indépendance, qu'on peut changer sans motif, lorsqu'elle fait bien comme lorsqu'elle fait mal, il ne s'agit pas d'administrer sagement : il s'agit de plaire au pouvoir dont on dépend. Il n'y a pas de mesure d'iniquité devant laquelle on recule quand il commande. Qu'on interroge à cet égard les préfets de Bonaparte, lors des conscriptions, lors des gardes d'honneur, ou les préfets du Roi, lors des élections.

Le malheur d'une telle administration est de ne pouvoir se faire aimer. Sa dépendance écarte d'elle tous les cœurs. On ne se donne point à qui ne peut se donner : une bonne administration ne doit dépendre que de la loi comme les citoyens.

On demande les causes d'une désaffection sourde, progressive et presque générale. Elles sont aussi dans une administration fausse, dépensière, ruineuse, qui cache d'épouvantables dilapidations sous le masque trompeur d'une excessive régularité qui n'est, dit-on, qu'un moyen de voiler légalement la corruption.

Elles sont encore dans une administration tracassière, ombrageuse, qui veut tout rappeler à elle, tout centraliser dans sa main; craint de voir les citoyens s'occuper de leurs affaires et les faire eux-mêmes; s'en charge malgré eux, malgré son éloignement qui l'empêcherait d'en juger sainement si son incapacité ne s'y opposait pas, et ne parvient qu'à les gâter.

On dit en mathématiques que lorsqu'une chose n'est ni plus grande, ni plus petite qu'une autre chose de même nature, ces deux choses sont égales.

Cependant il y a des mathématiciens qui ne trouvent pas ce raisonnement assez rigoureux.

On serait tenté aussi de dire en finances que quand un homme qui n'a été enrichi, ni par succession, ni par donation, ni par l'industrie, ni par la découverte de quelque trésor, entasse millions sur millions, lorsque le salaire de son emploi a pu suffire à peine à sa dépense, on serait tenté de dire qu'un tel homme n'a pu s'enrichir que par des moyens illégitimes et punissables.

Si donc il y avait des ministres qui fussent dans ce cas et qu'on ne les eût pas livrés à la justice, cela viendrait de ce qu'on adopte sans doute en finances le système de ces rigoureux mathématiciens.

Ce talent de se faire subitement et sans peine une fortune colossale est beau et tient peut-être du secret de la pierre philosophale que certaines personnes peuvent avoir le don de découvrir aussitôt qu'elles sont ministres.

Il excite l'émulation; une foule de gens

voudraient se l'approprier. Ceux des ministres qui le possèdent feraient fort bien de le communiquer au public; car ces hommes que dévore le désir de faire aussi de ces fortunes incompréhensibles tentent tous les moyens. Il en est qui, dans le désespoir de trouver l'heureux secret, peuvent prendre une voie dangereuse.

Si, ce qu'à Dieu ne plaise, un préfet, transporté d'admiration pour ce prodige et perdant l'espérance d'en découvrir l'énigme, allait faire payer à ses administrés son défaut de savoir-faire; si, dans le transport d'un beau zèle, il allait identifier leur avoir avec le sien; s'il allait faire confusion avec sa chose et des fonds pour les routes départementales, et des fonds pour le mobilier de la préfecture, et des fonds même pour les ateliers de charité; s'il allait s'emparer du prix des fournitures de l'armée de la Loire; s'il allait enfin porter une main de rapacité sur tout ce qui est saisissable.

Quelle fortune encore s'il venait à découvrir une nouvelle mine de friponnerie qu'on exploite, en certain lieu avec scandale, celle des travaux soi-disant faits avec économie et celle des travaux supplémentaires; les uns et les autres faits, sans publicité, sans concurrence et reçus par l'architecte qui les fait faire, lequel est payé en raison de ce que coûtent les travaux! Il y a de ces ouvrages supplémentaires qui s'élèvent non-seulement autant que le principal; mais qui vont à huit fois le principal !

Il faut qu'un préfet ne soit pas soumis à la loi; car un préfet peut adjuger une construction publique pour cinq cent mille francs et plus, sans prendre une caution.

Pour un maire de campagne, la chose n'est pas la même. Non-seulement il ne peut adjuger le moindre travail public sans caution; mais il faut préalablement publier, afficher l'adjudication, et ensuite la faire publiquement et aux enchères.

Un préfet n'est pas obligé à ces formalités minutieuses. Sous le nom de travaux supplémentaires, ou de travaux faits par économie, il peut faire des dépenses de cent mille francs, sans publicité, sans adjudication au rabais, sans que personne le sache.

Un préfet peut, sans l'avis du conseil du département, sans la moindre nécessité, mais suivant son bon plaisir, par pur caprice, faire démolir, détruire de fond en comble les édifices publics.

Un préfet peut s'emparer des matériaux, quelque précieux qu'ils soient, des bâtimens qu'il a jugé à propos de faire disparaître. N'en voulant pas faire compte, il peut se dispenser d'en faire la vente publique; il en dispose à son gré, en traite comme de son affaire privée. Eh! oui, un préfet est un petit despote: nous le disions bien, ce n'est pas pour un prefet que la loi est faite.

Si parmi les proconsuls de Rome il a pu se trouver un Verrès, parmi les préfets aussi, serait-il impossible qu'il se trouvât quelque misérable, capable de tout ce qui est vil et bas, même de se laisser traîner devant les tribunaux pour une bouteille de vin?

Si donc il existait un tel préfet quel moyen aurait-on d'arrêter ses dilapidations?

On a, il est vrai, la ressource des conseils généraux. Mais les conseils généraux sont de leur nature assez débonnaires; et le moyen qu'ils livrent à la justice leur préfet! leur préfet qui, à lui seul, a plus de poids dans le conseil, où il n'a pas droit de voter, que tous les membres du conseil!

Il n'est pas sans exemple que son avis l'ait emporté sur l'avis de tout le conseil. Comment en serait-il autrement? Des hommes dont partie a été nommée sous le régime de Bonaparte qui n'aimait pas les contradictions, et dont l'autre partie est nommée sur la présentation des préfets, doivent, comme nous venons de le dire, être pour l'autorité d'une nature fort débonnaire.

Qui peut être dans une plus grande sécurité que les préfets ? Ils indiquent leurs juges !

Que doivent-ils craindre d'ailleurs, lorsqu'on accueille comme un dogme de vérité ce système absurde, que leurs comptes ne sont que des comptes moraux, c'est-à-dire, des comptes en l'air, des comptes pour rire, pour la forme seulement.

Quand il arrive dans un conseil général de demander les pièces justificatives des dépenses, on répond sèchement que la dépense ayant été autorisée, on ne doit rien autre chose au conseil que la déclaration que cette dépense est faite.

Nous aimerions à partager cette noble confiance que l'administrarion témoigne en elle-même. Appeler de la sagesse et de la vérité de l'emploi des sommes qu'on lui a confiées, uniquement à sa vertu, est beau pour le temps qui court !

Scipion, pour toute réponse à ses accusateurs, rappelant ses hauts faits, pouvait les conduire au Capitole, en rendre grâces aux Dieux. De nos jours les Scipion sont rares, et les dilapidateurs nombreux.

On a bien contre eux inventé une multitude de formules. Ce sont chiffres sur chiffres, écritures sur écritures, pièces de comptabilité sur pièces de comptabilité, visa sur visa, vérifications sur vérifications : c'est un dédale inextricable. Il faut passer par des sentiers, et si nombreux, et si scabreux, et si détournés, qu'on dirait qu'il serait impossible à la fraude même la plus raffinée d'y pénétrer ou d'en sortir.

Quand on a vu tout cela, on ne se dit pas : les hommes sont donc bien corrompus, puisqu'il faut prendre tant de précautions contre eux; mais on se demande si tous ces soins ne cachent pas plutôt les voleurs qu'ils ne les écartent. Comment les découvrir ou les poursuivre dans ce labyrinthe? ils s'y renferment comme dans un fort inattaquable.

En effet, le moyen de faire croire que le compte d'un préfet, dont les pièces ont été visées, régularisées, vérifiées dans ses bureaux, et par la partie prenante, et chez le payeur et à la trésorerie; qu'un compte qui a été débattu dans le conseil général, et sanctionné par la cour des comptes, n'est souvent qu'un compte fictif et purement nominal, uniquement pour satisfaire, sous le rapport de la forme, à la loi qui demande un compte.

Le moyen de faire croire que le compte d'un ministre qui se recommande encore par l'examen des deux chambres, n'est peut-être qu'un beau mensonge au moyen duquel ont été sauvés d'épouvantables dilapidations.

Si ce système peut empêcher les exactions des subdélégués, des petits fripons; celles des hauts fonctionnaires, il peut servir beaucoup à les dissimuler, à les couvrir d'un voile qui les dérobe sous des apparences légales.

Le prince Atanaël régnait jadis avec gloire sur une grande et magnifique contrée de l'Orient. Il arriva que ce bon prince tomba dans un sommeil léthargique qui dura de longues années. Son empire, qui avait éprouvé une crise violente, s'était imposé, pour en sortir, de gros subsides : les causes ayant cessé, l'excès des subsides aurait dû cesser aussi. Ses ministres, au contraire, allèrent toujours en augmentant les dépenses de l'État. Elles étaient immenses et sans rapport avec les besoins, lorsque le prince sortit de sa léthargie. Il vit une énorme dépense; il en fut surpris.

Mais, supposant qu'elle avait reçu une destination utile, il pensa que tout, dans son empire, était dans un état de prospérité admirable. Les places de guerre, les arsenaux, les ports, les routes, les ponts, les canaux, les arts, l'agriculture, le commerce, toutes choses devaient être dans la splendeur.

Plein de cette idée, le prince voulut se donner l'agrément d'un si beau spectacle. Il voyagea, et vit les choses par lui-même.

Mais, quelle fut sa douleur! Il reconnut d'abord qu'il avait été trompé en tout. Les places de guerre étaient en partie démantelées et sans approvisionnemens; les routes, la plupart impraticables. Là, des ponts tombaient de vétusté; ici, d'utiles canaux demeuraient fermés ou ajournés comme de vains projets. Partout le commerce et l'agriculture étaient en souffrance; l'industrie paralysée.

Cependant, examinant les comptes de ses ministres, les pièces se trouvaient régulières; mais le prince reconnut que le plus grand nombre portait à faux, soit comme soldant des travaux qui n'étaient pas faits, soit comme exagérant les dépenses.

Si, ce que Dieu me garde de croire, il venait chez nous la pensée de faire ce qui se fit durant la léthargie du prince Atanaël; si les ministres et les préfets usaient de la ressource des pièces supposées, jamais on n'aurait trouvé une occasion plus heureuse.

Un budget d'un milliard, pour les dépenses ordinaires de la France! Comme derrière une multitude de formules, d'écritures, de chiffres, de visa, on peut aisément cacher, dissimuler, supposer la vérité d'une dépense, pourvu qu'à l'origine, le faussaire trouve le moyen de n'être pas vu, ou de faire taire ceux qui pourraient le démasquer. Toutes ces formalités qu'on remplit comme une exigence, et les yeux fermés, peuvent colorer et merveilleusement déguiser le faux.

Dans la vie privée, les comptes d'un mandataire, d'un intendant, d'un homme d'affaires, quoiqu'éclairés par un intérêt direct, inquiet et vigilant, reposent souvent sur des dépenses simulées. Que doit-il en être dans le système politique, où chacun n'a qu'un intérêt indirect, éloigné, au redressement des torts, où les accusations sont si difficiles, si chanceuses, si dangereuses même!

Que doit-il en être dans un système où l'officier public est environné de toute la protection de la loi, où les conseils généraux, ainsi que les chambres, ne s'assurent pas de la vérité de la dépense, et ne regardent les comptes que comme des comptes moraux !

Que doit-il en être dans un système où l'on ne présente même pas de pièces de dépense à ceux auxquels on rend ses comptes?

Il est tel conseil général où, depuis longues années, des efforts soutenus, opiniâtres, violens même, sont faits pour avoir les pièces de dépense, et pour bonne cause. Tout a été inutile.

Pour réponse, on dit que les pièces sont chez le payeur. On demande qu'elles soient retirées du payeur, sous récépissé. Alors on observe que le payeur ne les a plus, qu'elles sont à la cour des comptes.

On fait sentir que la cour des comptes, chargée d'examiner les comptes des départemens, ne peut en recevoir les pièces avant que ces comptes soient faits, et que, pour que les départemens arrêtent leurs comptes, il leur en faut les pièces. Vaines paroles : on ne présente pas de pièces.

On en a cependant vu, une fois, une. Elle fait regretter les autres. Cette pièce était un mémoire du chaudronnier de la préfecture, pour objets de la cuisine du préfet.

Après sa quittance, le chaudronnier avait écrit de sa main : Plus, telle somme pour les honoraires de M. N....., ingénieur du département. C'était au vingtième du prix du mémoire que le chaudronnier taxait l'ingénieur.

Il faut rendre hommage à la vérité, on ne pense pas que cette pièce ait été produite exprès et par dérogation à l'habitude qui est de n'en pas produire. On croit qu'elle se trouva mêlée par mégarde dans les budgets des comptes.

Enfin, que doit-il en être des comptes de l'administration, dans un système où personne n'est spécialement appelé à contester ou vérifier le fait des dépenses ; où le tribunal qui doit prononcer n'a point à apprécier leur réalité, mais seulement la régularité des pièces, et peut, pour tenir la balance de Thémis, se trouver placé sur un terrain miné, sans fonds, sur des abîmes.

Dans un tel système on pourrait, tête levée, porter le brigandage à son comble.

Qu'on n'accuse pas les conseils généraux, ils n'ont le temps ni les moyens de s'assurer du fait des dépenses, Les conseils généraux, d'ailleurs, aujourd'hui, ne tiennent leur mandat de personne que du Roi, qui ne leur en demande jamais compte. Ils peuvent donc en user en toute liberté, se laisser aller à toute la générosité de leur âme.

Pourquoi, au reste, traiteraient-ils sévèrement leur préfet qui les traite si bien; qui, pendant la session, est d'une obligeance, d'une prévenance qui ne laissent à personne rien à désirer; qui, s'il est parmi les membres du conseil quelque haut personnage, quelque duc et pair, par exemple, leur offre non-seulement sa table pendant toute la session, mais encore un appartement avec laquais et équipage. Tout cela est offert si gracieusement et avec tant d'instance, qu'il y aurait de la malhonnêteté à le refuser, et, au demeurant, en province, où serait-on mieux que chez le préfet. On a d'ailleurs l'âme trop élevée pour se laisser aller aux séductions préfectorales.

Comment croire, en effet, que les prévenances d'un préfet puissent atteindre le cœur noble d'un duc et pair, quand même ce duc et pair se serait fait le commensal de ce préfet dont il doit juger l'administration? On pourrait, en pareil cas, suspecter un citoyen ordinaire; mais un duc et pair se juge-t-il d'après les faiblesses naturelles au cœur humain? Il ne saurait démentir l'antiquité, l'illustration de sa race, et peut, en digérant les mets exquis dont ses sens sont enivrés, condamner, s'il le mérite, celui-là même qui les lui a servis.

Ce n'est sans doute point par adhésion aux sentimens de ceux qui pensent que la pairie serait ravalée par des fonctions de préfet, que ces choses se passent.

Mais cette opinion n'est-elle pas trop rigoureuse pour les préfets? Quoi! sait-on ce que c'est qu'un préfet? Qu'on se figure une espèce de petit vice-roi, ou plutôt presque un petit souverain. Le civil et le militaire, la police et les finances, il a tout sous la main, sauf la justice.

Si les préfets sont armés d'une grande autorité, qui en est plus digne qu'eux? Les cahiers des conseils généraux ne témoignent-ils pas formellement de leur mérite? Leur éloge n'y est-il pas pompeusement reproduit en cent endroits et régulièrement renouvelé chaque année? Ne sont-ils pas tous et sans exception des hommes supérieurs, des modèles, des aigles, des génies en administration? Le ministère ne doit-il pas être fier d'un choix d'hommes pareils, dont le moindre gouvernerait l'État presque aussi bien que lui?

Chose incroyable et qui tient du prodige! Sur

tant de préfets il n'en est pas un dont on ait autre chose à dire que des merveilles. Tout est éloge dans la vie d'un préfet.

Circé changea les compagnons d'Ulysse en animaux inmondes; nos conseils de département, plus puissans que la déesse, au lieu de ravaler les choses, les rehaussent, ils changent des nains en demi-dieux.

Si ces éloges pompeux des préfets, que nos conseils adressent au ministère, ne lui arrivent que sous la figure de l'ironie, c'est encore un malheur. Croyant à leur sincérité, il s'y laisse prendre sottement. Il s'extasie sur son administration alors qu'elle laisse tout souffrir, qu'elle paralyse tout.

Aux doux accens de la flatterie s'endort un ministre paresseux qui se complaît dans son indolence. Dè là que la machine marche, s'inquiète-t-on s'il y a des rouages qui tournent mal ? Faut-il se tuer à tout surveiller, à tout voir ? Parviendrait-on même à tout découvrir ? Il est des médiocrités, des incapacités qui se cachent, derrière un ami de la maison; voire même derrière un secrétaire. Le ministre qui voit que le service ordinaire se fait, ne va pas s'imaginer que telle portion de l'État souffre, végète, languit. Il ne se doute pas qu'on y pense avoir été mystifié, lorsqu'on lui a dit qu'on lui envoyait un homme pour la gouverner.

Comme maints évêques, dit-on, administrent leurs troupeaux sans les voir, les préfets aussi, les abus se perfectionnant, pourront peut-être, un jour, du sein des délices de la capitale, et des intrigues de la cour, en sollicitant de nouveaux bénéfices, administrer les provinces sans les voir.

Que ce soit une chose difficile à trouver qu'un bon préfet, ou que l'intrigue, sentinelle vigilante du palais des rois, ou la faveur, peste également dangereuse, en écarte le mérite, ce qu'il y a de certain, c'est que rien n'est si rare qu'un bon préfet.

Un bon préfet ne parle et n'agit point comme ce préfet de Bonaparte qui disait à ses administrés : « Je suis là pour stipuler les intérêts de l'empereur. » Un bon préfet, en stipulant les intérêts du Roi, stipule aussi les intérêts de son département. Il n'a pas tout fait quand il a satisfait aux ordres des ministres.

Un bon préfet ne croit pas avoir atteint le but du jour où il a obtenu son brevet de préfet; il croit au contraire que ce n'est que de ce jour que sa tâche commence.

Un bon préfet ne tient ni aux honneurs, ni

aux émolumens de la préfecture. L'unique objet de sa pensée est de servir le Roi en assurant la prospérité et le bonheur de son département. C'est ainsi qu'il fait aimer son prince.

Nous l'avons dit, c'est une chose rare qu'un bon préfet. Les intendans qui jadis laissèrent dans les provinces des souvenirs honorables, comme les Dettigni, les Turgot, sont aussi en petit nombre.

Cela vient de ce que les préfets, comme autrefois les intendans, n'ont pas d'intérêt direct à l'administration des provinces, qu'ils se regardent plutôt comme les hommes du ministère que comme les officiers des départemens qu'ils administrent.

Des pays qu'ils ne reverront plus du jour où ils cesseront d'en être les préfets, où ils ne seront pas dans la nécessité de se justifier après leur administration devant des hommes au milieu desquels il leur faudrait vivre ;

Des pays où ils ont été envoyés avec la promesse d'en être retirés avec un avancement d'autant plus brillant qu'ils auront mis plus de zèle à servir le ministère, pays qu'ils quittent souvent avant d'avoir eu le temps de les connaître et d'en apprécier les besoins (comme étrangers aux localités qu'ils viennent régir, il leur faudrait au moins le temps de les étudier); de tels pays ont rarement à se louer d'un pareil mode d'administration.

Cette espèce d'impossibilité d'une bonne administration provinciale par des délégués, constate déjà cette vérité que ce système est vicieux. Ce système, qui est tout de despotisme, ne peut se légitimer que dans la république absolue ou la monarchie absolue. Il suppose que les provinces ne sont pas indépendantes, sont en servage, ne font point partie, mais sont la chose de l'État qui les administre comme une propriété, comme ses forêts, par exemple, ou comme ses mines.

A Rome on administrait ainsi les pays conquis, tout ce qui n'avait pas reçu le droit de cité; on y envoyait des proconsuls. Lorsque la liberté fut détruite, lorsque tout fut la propriété d'un seul, tout l'empire fut ainsi gouverné.

En France, les intendans ne parurent que sous le despotisme de Richelieu, et après qu'il eut vaincu les réformés et courbé la noblesse sous le joug.

Ils furent pour les franchises nationales, pour la liberté, comme ces météores sinistres qui annoncent le trouble et le dérangement de l'atmosphère, et que suivent l'orage et les tempêtes.

Si les parlemens qui réclamèrent unanimement contre cet abus ne purent le faire proscrire, au moins, et sous Richelieu, et sous la toute-puissance même de Louis XIV qui disait : *l'Etat c'est moi*, les intendans n'administrèrent pas la France toute entière, ils demeurèrent toujours exclus des pays d'état.

En s'emparant de la chose publique, Bonaparte, qui traînait après lui le despotisme, rétablit les proconsuls ou les intendans sous le nom de préfets, il en fit les fournisseurs de sa tyrannie, et les payait en raison du sang qu'ils lui livraient. Il appela ainsi l'indignation et le mépris sur ces instrumens de servitude.

Les Bourbons qui sont venus briser le joug de fer sous lequel nous gémissions, qui nous ont rendus à nous-mêmes et à la Cité, qui ont donné une loi de sagesse et de justice, ont donc par là prononcé l'abolition des préfets comme un complément naturel de la Charte. Serions-nous sous la Charte moins libres que nous ne l'étions dans les pays d'état?

Quand les Bourbons ont repris leur couronne, ils nous ont en même temps rendu nos droits. Ils n'ont pu ni voulu retenir à leur profit les usurpations du despotisme qu'ils renversaient.

Mais le ministère Villèle qui vit d'abus conserve les préfets; pourrait-il d'ailleurs sans ingratitude les abandonner, les supprimer, comme une justice que réclame la liberté publique? Quel secours n'en retire-t-il pas dans toutes les entreprises criminelles qu'il forme ou contre les droits des citoyens ou contre les mœurs publiques.

Avec quel zèle les avons-nous vus repousser dans les élections les amis du Roi et de la France; par conséquent, il faut le dire, les ennemis du ministère. Ils refusaient au candidat son cens d'éligibilité, et à ses amis leur qualité d'électeur. Si l'homme du ministère manquait de partisans, on lui en faisait qui se trouvaient tout surpris d'être électeurs.

De véritables citoyens se sont vus ainsi dépouillés de leurs droits et chassés honteusement de la Cité; des indignes en ont été revêtus et sont venus audacieusement les exercer publiquement sous les yeux et au milieu des caresses de l'autorité.

Les préfets, juges souverains de ces matières, ne craignaient pas les démentis de la vérité. Que pouvaient faire les cris impuissans de leurs victimes, le ministère inspirateur de ces iniquités ayant tout fait pour les rendre vains et les étouffer?

Mais lorsqu'on a craint que ces manœuvres infâmes fussent insuffisantes, et qu'est venue la résolution désespérée de tout risquer, même l'honneur pour sortir triomphans des élections; lorsque le ministère n'a pas eu honte de dépouiller les mandataires de l'autorité publique de leur plus bel apanage, l'indépendance de leurs sentimens, et du droit de lui en offrir le libre hommage; lorsqu'il les a forcés de venir, comme ses esclaves, adorer les dieux qu'il s'était créés; lorsqu'il a eu l'audace d'exiger leur vote comme sa chose, les ravalant ainsi à tout ce que la condition humaine a de plus abject, l'aveu public du renoncement à soi-même; ceux qui croyaient encore à la dignité des préfets, pensèrent qu'ils allaient déposer leur démission au pied de l'urne électorale et dans l'urne leur vote pour le candidat ministériel: le souvenir de l'ancienne magistrature française fortifiait encore ce sentiment.

Vaine et trompeuse espérance, les préfets ignorent ce qui est grand et noble; ils ne savent point qu'il est des choses qui ne sont pas faisables. Les préfets ont excité de l'exemple et de la voix; ils ont forcé, même par des menaces, cette foule d'agens subalternes qui sont dans leur dépendance à faire comme eux, à sacrifier leur conscience à leur traitement, ils se sont officiellement constitués les organes de la corruption des mœurs publiques.

On dit qu'une loi demande la punition de quiconque outrage les fonctionnaires publics; il faut qu'elle soit tombée en désuétude. En effet, qui a tenté de les venger du ministère qui a proclamé leur avilissement en exigeant leur vote sous peine de destitution?

Quel outrage maintenant peut-on faire à des hommes officiellement sommés de vendre leur conscience pour leur emploi? Ceux qui ont souffert cette injure sans se plaindre, peuvent-ils être injuriés?

Fallait-il ainsi imprudemment livrer au grand jour l'honneur des fonctionnaires publics? le ministère, en mettant en spectacle des hommes dont la nature est d'être mercenaires, ne voyait-il pas qu'il allait montrer toute la bassesse de la vénalité, qu'il allait les exposer à se voir à l'avenir chassés des élections comme les faillis, comme ceux qui ont manqué à l'honneur. Pourquoi forcer ses agens à proclamer eux-mêmes leur infamie? jusque-là peut-être aurait-on pu en douter. Qu'attendre aujourd'hui de celui qui a vendu sa voix pour sa place? si on lui demandait.... devant quel sacrifice reculerait-il?

O misère humaine! ô temps! ô mœurs de scandale et d'ignominie! l'homme était-il jamais descendu si bas?

Des ministres, ceux-là même qui sont chargés du dépôt de la morale publique, de la protection de la justice, de l'honneur national, poussent et forcent en France, chez la première nation du monde; les mandataires de l'autorité publique à faire abnégation de leur dignité, de l'indépendance de leur suffrage, à faire une action honteuse, à s'avilir publiquement. Il en est qu'ils ont fait venir d'une extrémité du royaume à l'autre, exprès, pour déclarer qu'ils renonçaient à la vertu, à l'honneur!

Leurs préfets, les chefs de leurs subordonnés, donnent sans hésitation, sans la moindre observation et comme spontanément, l'exemple de cette de cette bassesse. La multitude des préposés de l'autorité souveraine trahit, comme eux, ses sermens d'obéissance au Roi qui leur commande l'honneur, et aux lois qui leur en font un devoir, plutôt que de renoncer à un misérable salaire qu'ils achètent chaque jour à la sueur de leur front!

L'histoire cependant, en faisant à nos neveux ces récits humilians, dira en même temps que des fonctionnaires qui furent alors surpris;

ont depuis vendu leurs biens pour cesser d'être électeurs et échapper à un nouvel avilissement. Ainsi, pour fuir la tyrannie, on abandonne ce qu'on a de plus cher, on abandonne sa patrie, on se sépare du toit paternel, on fuit les lieux mêmes où l'on reçut le jour.

Des élections faites par l'autorité, ou par le suffrage forcé de ses fonctionnaires, ne seraient plus qu'une tromperie, qu'un pur mensonge, qu'une violation de la loi fondamentale qui constitue la démocratie comme un des pouvoirs de l'État; les élus ne seraient pas plus les élus du peuple que ne le sont en Angleterre les élus des bourgs pouris.

Est-ce pour représenter le ministère que la démocratie nomme des députés? doit-elle les choisir dans ses intérêts ou dans ceux des ministres?

Le ministère doit recevoir les élections, et non les faire. Corrompre les élections par les fonctionnaires publics, ou les corrompre par la séduction, ou par l'achat des votes des électeurs, c'est les corrompre; acheter le suffrage d'un fonctionnaire en lui donnant pour prix la promesse de le maintenir dans son emploi, ou l'acheter d'un autre pour de l'argent, c'est l'acheter. Là, comme ici, c'est commettre un crime, et mériter les châtimens dont la loi le punit. Autrement il n'y aurait plus de démocratie. Nommer les pairs suivant son bon plaisir, et par centaine, et faire les élections, c'est mettre les trois pouvoirs dans le ministère, c'est constituer le despotisme à son profit.

Si c'est dans ce sens qu'on dit que M. de Villèle est un homme de talent et d'esprit, c'est alors d'un dangereux talent et d'un mauvais esprit. Si c'est dans un sens honorable qu'on le dit, nous voudrions pouvoir le croire.

S'il a du talent, en effet, ce n'est pas celui de ne pas faire de fautes. Son administration, nous l'avons vu, en constate de bien déplorables. S'il a de l'esprit, ce n'est pas celui de comprendre la Charte.

S'il comprenait la Charte, il ne présenterait que des projets de loi conformes aux intérêts des trois pouvoirs. Il ne faudrait pas passer deux et trois mois à les discuter, à les amender, à les refaire. Ses projets de loi, si on peut se servir de cette comparaison, ne ressembleraient pas à un vêtement qu'on veut faire prendre à un homme à la taille duquel il ne peut convenir. Après l'avoir allongé ou raccourci, retréci ou élargi, après l'avoir, dans l'impatience et la mauvaise humeur, retaillé vingt fois, si on ne l'a pas mis, sans servir; si on parvient péniblement à en revêtir cet homme, on ne peut empêcher qu'il ne se plaigne de ce qu'il met tout son corps dans la gêne et comme à la torture, et à chacun de dire : on a eu beau faire, ça va encore mal.

Eh ! non assurément, il ne la comprend pas la Charte.

En parlant ainsi, la passion, ni la haine, ne nous animent pas; s'il est au contraire un regret dans notre cœur, c'est de ne pouvoir lui adresser de félicitations, de ces éloges vrais, que la force des choses arrache aux contemporains, et que l'équitable postérité répète.

Que le lecteur daigne nous prêter attention, et nous juger avec ce même calme avec lequel nous discourons : il verra que nous ne nous avançons que la preuve à la main.

Nous avons dit que la Charte est une loi de sagesse, protectrice de tous les intérêts légitimes actuellement en France. Cette Charte donc qui est l'heureuse solution d'un problème qui, pendant trente ans nous a coûté tant de trésors, tant de larmes, tant de sang, tant de douloureux sacrifices de toute nature, en plaçant les trois pouvoirs qui constituent la Cité, chez nous, sur la même ligne, et cependant séparément, a fondé l'édifice social sur les bases de la raison et de la justice, les seules qui puissent en inspirer l'amour et en assurer la conservation.

Les trois pouvoirs agissant séparément, chacun dans sa sphère, et avec une égalité de force, auront toujours, par une loi qui est dans la nature des choses, tous, l'instinct de leur conservation particulière; ils trouveront en même temps, dans leur consistence, les moyens de la protéger. Aucun ne pourra être tenté de sortir de son domaine, quand il le connaîtra, pour s'étendre sur celui des autres, bien sûr de trouver aussitôt contre lui deux puissances rivales qui le forceraient de rentrer dans ses limites.

Cet ordre admirable est essentiellement fondé sur la loi connue du tien et du mien, qui veut que chacun des trois pouvoirs soit renfermé et agisse dans sa circonscription, qui veut que la royauté demeure sur le trône, l'aristocratie dans la chambre des pairs, et la démocratie dans celle des députés.

Le ministère Villèle ignore cela, et voilà d'où naissent ses tribulations, et d'où sont parties ses fautes et les maux qu'il nous a faits et ceux dont il nous menace.

D'où vient cette fureur, en effet, de ne pas

laisser les trois pouvoirs à leur place respective; de ne vouloir pas que le Roi reste sur le trône, que les grands soient dans la pairie? Pourquoi ramener bon gré, malgré, la royauté et l'aristocratie dans la chambre des députés pour s'y défendre contre la démocratie qui ne les attaque pas, qui ne veut pas les attaquer?

Pourquoi? parce que ces choses se passèrent ainsi en 1790. Pourquoi? parce qu'on ne veut ou qu'on ne sait pas voir les choses telles qu'elles existent aujourd'hui, et qu'on les prend obstinement pour les choses de 1790 auxquelles elles ne ressemblent plus.

Abusant de la confiance qu'avaient mise en lui les royalistes, le ministère, aux précédentes élections, avait entièrement dénaturé la chambre qui vient d'être dissoute.

Il n'y avait dans cette chambre, précisément que ce qui ne devait pas s'y trouver : la royauté et l'aristocratie qui ont leur place ailleurs; mais la démocratie qui doit en former l'âme et le corps, la composer uniquement, en était à peu près bannie.

Cette chambre était plus royaliste que le Roi. Elle était plus aristocratique que l'aristocratie même, que la chambre des pairs.

Qu'en est-il résulté? Elle a décrété contre la

démocratie absente tout ce qu'on lui a proposé, et la loi vandale, et le droit d'aînesse et la septennalité. Contre la France, elle a décrété la loi du sacrilége!

Voici venir une autre chambre. Cette fois, malgré le ministère Villèle, la démocratie y a pénétré. Cette nouvelle chambre qui ne devrait représenter que la démocratie, par les artifices du ministère Villèle, représentera toute la France. La bannière de la royauté y doit être tenue par les ministériels qui sont les royalistes à la manière des jésuites, celle de l'aristocratie par la contre-opposition, celle de la démocratie par les libéraux.

Si l'on veut se rappeler 1790 et l'assemblée nationale, à l'exception d'une circonstance légère, que les députés du clergé représentent ici le Roi (ils représentent encore le clergé plus qu'on ne pense), on trouvera que notre future chambre des députés doit être une image fidèle de ce que fut l'assemblée nationale. Ainsi, grâce au ministère Villèle, grâce à ce qu'il n'a pas compris la Charte, nous voilà ramenés précisément au même point d'où nous partîmes, il y a tantôt presqu'un demi-siècle.

Nous allons encore voir les représentans de

cette antique monarchie, qui compte une éternité de quatorze siècles de grandeur ;

Nous allons encore voir les représentans de cette noble chevalerie française, principe de l'urbanité nationale et dont les hauts faits remplissent les annales de toutes les nations de l'Europe ;

Nous allons les voir entrer dans l'arène, dépouillés de leurs armes, nus et réduits à leur force corporelle, combattre comme des athlètes, tantôt les uns contre les autres, tantôt contre de jeunes plébéiens sortis des vilains du moyen âge, leurs ancêtres, et représentant aujourd'hui le sol de la France et avec lui la philosophie et l'industrie.

L'histoire rapporte que César, comme Pompée, allait aussi lutter corps à corps avec la jeunesse romaine; mais quand César fut maître de l'État, on ne le vit plus traîner le manteau impérial dans la poussière du Gymnase. César eût craint que si, dans le combat, l'insigne de la souveraineté fût venu à tomber, on eût vu que le maître du monde n'avait d'autres forces que celles d'un simple mortel.

M. de Villèle ne craint pas, comme César, d'ôter au Roi et aux grands l'entourage qui les protége et double leurs forces.

Il est vrai que dans la lice qu'il vient d'ouvrir, il voit les nobles champions de l'un, comme ceux des autres, appuyés par des souvenirs imposans et glorieux, qui, dans le combat, raniment le courage et font mériter la victoire.

Mais si la monarchie s'y étaie sur trois dynasties, sur la puissance de plus de soixante Rois et sur les vertus de saint Louis et de Henri;

Si l'aristocratie s'y trouve soutenue par la gloire chevaleresque de ses preux, par le nom des Bayard, des Du Guesclin, des la Trimouille, des Montmorenci;

Ces jeunes plébéiens qui, si jeunes encore, ont triomphé de l'Europe conjurée contre eux, ne sont pas aussi sans gloire; et ne sont-ils pas encore animés du regard de trente millions d'hommes qu'ils représentent?

Ah! que cette chambre, que l'année qui va commencer doit bientôt voir réunie, a besoin de mesure, a besoin de sagesse pour nous sauver des malheurs qui suivirent l'assemblée dont elle est une ressemblance si parfaite.

Si la lutte dont le ministère Villèle a si malheureusement et si maladroitement rassemblé les élémens qu'il fallait tenir écartés, comme l'indique la Charte, venait à s'engager encore avec acharnement, et que la victoire se prononçât de nouveau pour le peuple, la royauté et l'aristocratie iraient trop tard se réfugier sur le trône et dans la chambre des pairs. Ni les portes du Luxembourg ne défendraient les grands contre la démocratie triomphante, ni la garde qui veille sur les marches du trône n'empêcherait de l'escalader.

Pourquoi avoir ainsi déplacé le combat? ou plutôt pourquoi déplacer les combattans, pour amener le combat?

On craignait, répondra-t-on, de voir, dans la chambre des députés, triompher la démocratie; mais, si on devait avoir une crainte, ç'aurait dû être de ne l'y pas voir triompher. N'est-ce pas là le lieu de sa puissance? Où sera-t-elle ailleurs, si elle n'est pas là? N'est-il pas aussi naturel qu'elle y soit pleine de vie et d'énergie, qu'il est naturel de voir l'aristocratie dans la chambre des pairs, entourée de respect et de sagesse; qu'il est naturel de voir la royauté sur le trône au milieu de l'éclat et de la gloire.

Ces trois puissances ainsi placées, loin de se heurter, de se braver, de s'irriter, de s'attaquer et se combattre, sauront qu'elles n'ont pas à mettre sans cesse en question l'existence ou les prérogatives de chacune d'elles; mais que ces choses sont de fait, que toutes doivent les respecter réciproquement. Loin de se nuire elles s'aimeront, elles se défendront. De cette manière, viendront la confiance et la paix publique.

Pour cela, il ne faut pas insulter la démocratie par des défiances, il ne faut pas faire ses élections et malgré elle et contre elle; pour cela il ne faut pas mettre dans la Chambre de la démocratie, la Cité toute entière. Elle s'y gêne, s'embarasse elle-même et ne peut y vivre sans se quereller; pour cela il faut exécuter la Charte et avant tout la comprendre.

Si le ministère Villèle l'eût comprise, s'il eût connu les choses sur lesquelles il opérait, il eût plutôt fixé les attributions et les limites des trois pouvoirs, loin de les tirailler et de les obséder par sa manière de ne pas vouloir leur laisser faire sans lui les choses les plus simples, les plus ordinaires; il les eût tous laissé agir librement, chacun dans la plénitude de ses moyens. Ils seraient alors d'autant plus portés à maintenir entre eux l'harmonie, qu'ils trouveraient plus de bonheur dans cette existence, et auraient ainsi plus d'intérêt à ne pas la voir troublée; nous ne courrions pas les dangers auxquels nous sommes exposés, et auxquels nous ne sommes exposés que parce qu'il s'est consumé en efforts pour nous en préserver, preuve assez forte de son incapacité.

Incapable de comprendre les lois comme d'administrer, le ministère Villèle semble incapable de tout.

Voyez nos armées franchir les Pyrénées, parcourir les Espagnes. Que leur a servi d'avoir conduit la victoire jusque sous les colonnes d'Hercule? nous en avons eu pour récompense les mépris de l'Espagne.

Déjà, comme alors, y règnent l'anarchie, et sa fille la guerre civile.

O le beau résultat de nos triomphes que d'avoir amené des malheureux à se battre pour avoir l'inquisition! Les trésors, le sang de la France, les nobles vertus d'un prince magnanime, n'auraient produit que le rétablissement d'une pratique barbare, impie, qu'à faire, en Europe, de nos jours, ce que le paganisme a flétri comme un sacrilége, qu'a offrir en sacrifice le sang humain à Dieu qui en a horreur!

TROISIÈME PARTIE.

Le ministère outrage la raison humaine et la Divinité.

Ce ministère qui n'a pu rien comprendre aux affaires de ce monde, non-seulement ne veut pas s'en séparer, mais, portant plus loin ses vues téméraires, il monte audacieusement vers les cieux. Il veut y peser, y juger les intérêts de Dieu ; se fait officiellement son vengeur, s'armant de châtimens contre quiconque serait tenté de l'offenser, même d'offenser ses ministres.

Dire que ce n'est pas se faire le vengeur de Dieu, mais seulement le vengeur du culte de la majorité de la nation : ce sont-là de vaines paroles, inspirées par Escobard et bien dignes de lui.

En effet ; on n'immole pas ceux qui ont outragé le culte de la majorité, c'est-à-dire la manière dont la majorité de la nation adore Dieu ; on ne les punit que correctionnellement ; mais on immole ceux qui ont outragé le Dieu de la majorité. C'est l'outrage de Dieu que l'on venge.

Calchas voulait rendre favorable aux Grecs le dieu des vents en lui immolant la fille du roi des rois; on croit aussi satisfaire son Dieu en lui sacrifiant des malheureux qui ne le comprennent pas.

Eh! qui outrage davantage le culte de la majorité de la nation que les différens cultes de la minorité qui lui sont si opposés et qui se professent publiquement à côté de celui de la majorité? Ne reconnaît-on point ici l'œuvre du jésuitisme qui, en légitimant cette doctrine de la loi du sacrilége, légitimerait par-là les *auto-da-fé*, et les massacres des hérétiques, et les massacres de la Saint-Barthélémi, et pourrait en autoriser de nouveaux?

Quel vertige en effet a l'homme de mettre Dieu et les choses de Dieu sous sa protection! de se faire le justicier de Dieu! Dieu a-t-il besoin d'un tel secours, qui n'est pas moins insolent qu'il n'est vain? Pour faire triompher sa cause, Dieu est-il obligé de recourir à l'aide des faibles et malheureux mortels. Si telle religion est la religion de Dieu, il saura bien sans nous la défendre. Eh! que feraient nos efforts! de quel poids peut être l'aide de l'homme dans la cause de Dieu?

Le christianisme, né en Orient, a vu son berceau arrosé d'assez de sang. Qu'ont servi toutes ces armées, ces générations entières que l'Europe y a envoyées pendant tant de temps. Elles n'ont pu y rallumer son flambeau éteint. La force et la contrainte ne sont pas en ces matières un moyen sûr et efficace.

Quand Jésus voulut étendre sa religion, il ne se mit point à la tête de puissantes armées, comme le firent les chefs des croisades; il ne se fit pas suivre par des potences et des échafauds comme l'ont fait et le veulent faire encore des prêtres fanatiques; il ne recourut pas à la violence. Il donna l'exemple de la pratique des vertus sociales, il attendit que leur amour inspirât la conviction et ne voulut pas la forcer.

Laissons à d'autres expliquer pourquoi sa religion s'est perdue aux lieux mêmes qui l'ont vue naître, et s'est étendue loin de là sur des plages alors la plupart inconnues.

Laissons-leur dire jusqu'à quel point les prêtres en agissant auprès des femmes, comme la partie du genre humain la plus séductible, s'en sont servi pour la propager; et si c'est parce qu'elle parle plus au cœur qu'au jugement, ou parce qu'elle leur accorde des droits que les autres religions leur refusent, qu'elle a trouvé en elles de si utiles apôtres.

Laissons-leur montrer les dangers politiques

d'une religion dont le chef est hors des états qui la suivent, et se trouve déjà par lui-même un souverain puissant.

Laissons-leur nous apprendre si les peuples qui, comme les Russes, les Suédois, les Anglais, se sont soustraits à l'influence des papes, n'ont point éloigné d'eux la source la plus féconde des tracasseries et des discordes civiles.

Disons seulement que ce n'est point aux hommes à se prononcer dans la cause de Dieu. Les croyances religieuses ne sont pas du ressort de la Cité ni de ses loix. Elle ne les juge point; elles les permet toutes. Elle reconnaît la liberté des cultes, l'ancienne Rome recevait tous les dieux dans son sein.

La Cité gouverne ou est gouvernée par les croyances politiques. Les croyances religieuses sortent de sa compétence; elles ne sont pas dans sa sphère, autrement c'est appeler la théocratie dans le gouvernement; c'est en corrompre la nature. La Cité ne traite que des choses de ce monde, et ne règle pas les places dans le ciel.

Déclarer vraie la croyance de certains de ses membres, c'est condamner celle des autres; c'est comme si elle disait que tels d'entre eux sont ses seuls vrais membres; dès lors elle repousserait loin d'elle tout le reste.

Permettre tous les cultes, et dire, par une loi, qu'il n'y a que tel culte qui soit vrai, c'est légalement outrager tous les autres. Je me trompe; c'est faire autre chose qu'un outrage, c'est moralement sortir des choses possibles. Une nation ne peut pas plus qu'un simple individu donner autre chose, en preuve de la vérité de sa religion, que sa conviction. Elle peut dire qu'elle croit, mais elle ne peut affirmer, garantir que sa croyance est la vraie croyance.

Ce n'est pas par un seul peuple, ce n'est pas par la décision de tous les peuples du monde, ce n'est pas ici-bas qu'une telle question peut êrre résolue.

De quelle démence donc était attaqué le ministère pour vouloir faire une chose impossible? Quand on est capable de telles choses, devant quelle barrière s'arrêterait-on? que pourrait-on respecter? On brave, on insulte tout, jusqu'au principe même de la dignité humaine; on se met, comme le ministère Villèle, aux prises avec la raison des hommes; on tente d'éteindre ce flambeau qui éclaire le monde.

Après avoir insulté à la raison humaine on insulte à la sagesse de Dieu.

On veut mettre Dieu en contradiction avec lui-même, le faire mentir; on veut qu'une religion de bonté, de douceur, de clémence, soit devenue barbare, commande les supplices. Depuis quand le génie du christianisme se nourrit-il, s'abreuve-t-il de sang?

Qui dirait qu'il n'y a point ici d'artifice et de surprise? qu'il ne s'agirait point d'une œuvre ténébreuse vomie par l'enfer même pour empoisonner de fiel les bienfaits de Dieu? En montrant la religion féroce, entourée de châtimens, et menaçant les malheureux mortels de sa redoutable et flamboyante épée, l'esprit du mal a pu penser qu'il écarterait et chasserait de son giron les esprits faibles et timides qu'allait épouvanter cet appareil d'horreur, et qui, auparavant, venaient d'eux-mêmes se jeter dans les bras qu'elle leur tendait. L'idée d'offrir encore à Dieu des victimes humaines n'a pu sortir que des enfers.

Alors que l'homme était tout entier enveloppé dans les ténèbres, et tenait plus de l'animal brute que de sa nature; avant qu'un rayon de la lumière divine eût éclairé son âme, l'homme était barbare, et croyait que Dieu l'est aussi, que pour lui plaire il devait lui offrir le sang de son semblable; les autels de

Dieu furent partout arrosés de sang humain. Dieu eut horreur de ces sacrifices impies. Abraham, aussi, allant lui immoler son fils, Dieu envoya son ange retenir le bras d'Abraham.

Depuis, la raison ramenant les lumières, les sacrifices humains cessèrent. La raison fut l'ange de Dieu qui retint le bras parricide des bourreaux.

Le sang des hommes n'était plus enfin offert en holaucauste, lorsque la France, au dix-neuvième siècle, est venue épouvanter le monde par la réprobation du plus bel acte de la sagesse humaine.

Ainsi, grâce au ministère Villèle encore, et en France, et en vertu des lois, on pourra faire frémir d'horreur la Divinité en lui offrant le sang des hommes en expiation d'insultes dont elle ne se plaint pas, et qui, peut-être n'arrivent pas jusqu'à elle.

Semblables à Busiris, et par un raffinement de barbarie inventé par ce monstre, avant d'immoler à Dieu nos victimes humaines, nous commencerons par les mutiler pour prolonger davantage leur agonie!

Arrêtons-nous, et dans le calme de notre âme, dans le silence de toutes les passions, donnons-nous encore le spectacle de ce que nous avons vu.

Lorsque le ministère a été appelé aux affaires, il a trouvé le trône environné d'amis; les amis du trône se trouvaient en même temps les amis du ministère.

Pourquoi les a-t-il perdus? La réponse est simple. C'est qu'il n'a pas suivi le chemin de l'honneur. En s'engageant dans des voies détournées, appelant à lui le jésuitisme, la fausseté, la corruption et la vénalité, tout ce qui en France a un cœur noble et généreux n'a pu le suivre. Tous ceux qui aiment mieux la Patrie et le Roi que leur propre fortune, tous ceux qui ont encore une conscience pure ont abandonné un ministère qui abandonnait l'honneur.

La France entière s'en est séparée. Il ne traîne après lui que ce qui est attaché au râtelier de l'État; que ce qui subsiste de la pâture que sa main distribue; que ceux qu'il a forcés à renoncer à leur moi politique, qui n'ont plus rien à perdre. S'il est encore quelques indemnisés qui paraissent suivre son char, c'est que le dernier terme de l'indemnité n'est pas encore arrivé.

De tous les hommes, celui qui a le mieux compris le caractère français, celui qui était le plus français, celui qui inspire le plus de sympathie, le plus d'amour, c'est Henri IV: c'est ce prince qu'on trouvait toujours sur le chemin de l'honneur.

Laissons, au delà du détroit, Walpoole élever des autels au veau d'or, et n'oublions jamais, comme l'a fait le ministère, que l'honneur est le Dieu qu'on adore en France.

En absorbant un milliard par an, le ministère a fait soupçonner que le prodigieux accroissement de sa fortune privée, que le dévouement de certains hommes pour sa cause, que l'opulence du parti de l'ultramontanisme ne justifiaient pas la rigidité de ses comptes.

En maintenant en pleine paix le même fardeau des charges publiques qu'en temps de guerre, il a comprimé l'élan de la prospérité publique, détruit dans leur germe les plus beaux fruits de la paix. et frustré l'État de ses plus sûres ressources pour des besoins extraordinaires.

En maintenant la France sous le régime du despotisme qu'elle avait proscrit, et lui refusant les institutions libérales que la Charte a promises;

En maintenant les abus d'une centralité ombrageuse et insensée, et d'une administration sans âme, sans vie, toute de forme et de routine ;

En violant tantôt l'esprit et tantôt la lettre de la loi fondamentale ; en élevant le cens déjà si élevé des électeurs, et demandant la septennalité pour servir un parti ennemi de la France et du Roi, qu'il caresse uniquement pour le tromper ;

En tentant de détruire la liberté de la presse, en la tyrannisant par les vexations de la censure ;

En voulant dominer les élections, en usant des moyens que la justice condamne, en déshonorant les fonctionnaires publics ; en se mettant au-dessus des lois et s'alliant, au mépris d'elles, avec des hommes qu'elles ont proscrits ;

En armant le jésuitisme d'une loi qui révolte la raison et l'humanité :

Voilà comme le ministère Villèle a servi le Roi et la France ; voilà aussi comme le ministère Villèle a perdu ses amis.

Si maintenant on se demande quelles sont les causes de l'inquiétude, de l'espèce de malaise moral dans lequel se trouve la France :

C'est qu'on n'y sait point encore bien sous quel gouvernement on est. On n'y a point encore compris la Charte. Elle a dit que la souveraineté réside dans la royauté, l'aristocratie et la démocratie : on a cru que tout était fait.

On n'a point cherché à savoir ce que devaient y être la royauté, l'aristocratie et la démocratie.

Les uns, séduits par d'anciens souvenirs, ont vu dans la royauté l'antique monarchie; d'autres, façonnés au joug du despotisme, l'ont prise pour le pouvoir absolu.

D'autres, pleins de l'idée de la puissance des grands en Angleterre, ont pensé que le sceptre politique devait être entre les mains de l'aristocratie.

D'autres enfin ont cru que la démocratie, dont la puissance avait fait trembler l'Europe entière, devait être l'âme d'un gouvernement représentatif.

On ne sait ni où commence ni où finit chacun des trois pouvoirs. L'aristocratie et la démocratie surtout y sont pêle-mêle, poussent ensemble machinalement tantôt dans un sens, tantôt dans l'autre. Seulement si dans cette confusion on distingue quelque chose, c'est un contre-sens politique; c'est que l'aristocratie se met sous la protection de la démocratie et se fait représenter par elle.

Le ministère, qui ne comprend pas sa position, prend les résistances pour des menaces, craint toujours de se voir attaquer, appelle sans cesse le Roi à son secours;

Accueille tout ce qui se présente, cherche à se faire un appui d'un ennemi qu'animent l'intrigue et l'ambition, d'un parti qui profite avec empressement de sa faiblesse et de son trouble pour s'introduire dans l'État et y conspirer notre ruine au profit d'une puissance qui veut reprendre sur nous une suzeraineté qu'elle a perdue.

Le ministère aux abois use de toutes les ressources, emploie la corruption, emploie les coups d'État; ici brise l'aristocratie; là veut détruire la démocratie en faisant les élections. Par cette conduite, il indigne et révolte l'aristocratie et la démocratie qu'il trouve réunies contre lui.

Ainsi naissent les sinistres appréhensions; ainsi se montre un avenir sombre qui ne promet que des orages; ainsi se légitime l'inquiétude publique.

www.ingramcontent.com/pod-product-compliance
Lightning Source LLC
LaVergne TN
LVHW020432230826
846091LV00004B/1470

* 9 7 8 2 0 1 6 1 9 4 6 8 3 *